PALABRA DE FE

RAFAELA LOZANO

PALABRA DE FE

FONTE
GRUPO EDITORIAL

© Rafaela Lozano
© Grupo Editorial Fonte
   Paseo del Empecinado, 1; Apdo. 19 - 09080 Burgos
   Tfno.: 947 25 60 61

   www.montecarmelo.com
   www.grupoeditorialfonte.com
   editorial@grupoeditorialfonte.com

ISBN: 978-84-10023-70-3
Depósito Legal: BU-368-2024

Impresión y Encuadernación
Grupo Editorial Fonte - Burgos
Impreso en España. Printed in Spain

Por ti,
por tu amor,
por lo que fuiste y eres,
por lo que nos das.

Te doy gracias por darme la vida.

Sólo tú.

PRÓLOGO

Rendí a la fe un homenaje.

Estos poemas están escritos desde lo más profundo de la fe y el mayor agradecimiento a la vida.

Dios y sólo Dios nos enseña la capacidad del perdón y el amor. Él nos dejó muy claro por qué se dejó morir en la cruz y eso nos hace ver su gran amor y su capacidad de enseñarnos cómo debemos ser.

Aquí no hay ricos ni pobres, porque todos somos del mismo Padre. Nuestro todo es saber ser hijos de Dios y despertar a la fe.

La fe es la esperanza de la vida. Sin fe no somos nada. «Sólo Dios basta».

* * *

[1]

Saber agradecer es mantenerte firme en el agradecimiento que no se paga con dinero, se paga con el corazón. Eso es querer mucho. Para dar mucho y no confundirte porque te puede pasar malas jugadas en la vida. Por eso, dejémonos guiar y agradecer todo lo bueno, que eso vale más que todo el oro del mundo.

Palabra de fe.

[2]

Todos los momentos tienen historia, toda vida una ilusión y la ilusión te da vida y la vida te da sueños. Que tus sueños sean tu vida.

Palabra de fe.

[3]

Os diré que en la vida hay que ser honestos, sinceros, generosos, estables...

Reconocer siempre que lo que viviste ayer, sea alegre o amargo, es parte de tu experiencia y eso es para obtener una enseñanza en tu vida que no es para desviarte de la verdad.

Si ayer fuiste feliz, hoy también lo eres, pero no es para querer borrar cosas de tu vida, porque todo es una enseñanza para mejorar y no olvidar quién estuvo en todos tus momentos porque es parte de tu vida y tiene que estar presente.

Es bueno recordar todo lo que viviste y lo que vives. No hagas de tu historia un fracaso, porque todo en la vida son experiencias para mejorar y ser buenas personas.

No entierres tu pasado, porque es tu presente.

Todo en la vida vuelve, pero tú tienes que ser firme, fuerte y agradecida.

La vida es un tesoro, aunque a veces sea un valle de lágrimas, pero son parte de la vida.

Recuerda que no hay que vivir con pasión en las cosas, sólo vivirlas. Honestamente, las pasiones a veces te quitan la razón.

Solo hay que amar para comprender ser honesta.

Palabra de fe.

[4]

El amor de la conciencia no se cansa nunca.

Palabra de fe.

[5]

Qué palabra más bonita: sembrar actos de amor.

En la vida, si queréis hacer cosas buenas, hacedlo desde ya, porque el tiempo corre y no os dais cuenta, por eso hay que ser positivos y sembrar para recoger la cosecha.

Eso llega a lo último de tus días.

Dar y hacer cosas buenas es algo que enseña a otros a hacerlas y a ti mismo te hace ser una gran persona. Nunca dudes ni te sientas mal si has hecho algo bueno por los demás y después estas gentes no te han correspondido. Estas cosas pasan, pero pon como ejemplo a Dios. ¡De cuántas cosas Él nos libra y nos da y nosotros no se lo agradecemos como Él se lo merece!

Por eso lo que des, no mires a quien, sino porque tu corazón así lo quiere y la voluntad es tuya y nadie te tiene que quitar eso, porque es parte de tu corazón.

Nunca os canséis de hacer cosas por los demás.

Eso es sembrar.

Palabra de fe.

[6]

Cuando se habla de dar generosidad, no sólo es dar cosas materiales, también es ser generosos en dar amor y consolar, prestarte sinceramente, dar tu voluntad.

Y la voluntad tiene que salir del corazón.

A veces una sonrisa abre fronteras.

El espíritu tiene que ser humilde, generoso y fuerte. Eso te hace crecer en el amor.

Palabra de fe.

[7]

Estas palabras de que quien da espera recibir, son algo que muchos dicen de estar hartos de dar y no recibir nada.

Pues cuando hacemos cosas buenas por los demás, nunca debemos pensar que tenemos que recibir.

No tenemos que ser egoístas.

Dar significa ser agradecidos por la enseñanza de ser hijos de Dios.

Él nos da con creces y no nos pide nada a cambio.

Saber dar es algo que nos tiene que hacer grandes en el amor.

Un sincero consejo: no hagas de tu vida una ilusión, haz de ella una realidad.

La ilusión pasa, la realidad queda.

Palabra de fe.

[8]

Cuando todos nos respetamos y amamos, sabemos dónde está nuestro sitio.

La familia es y debe ser lo primero: padres, hijos, nietos y abuelos. Esto debe ser amor, respeto, unión...

Si todos comprendemos, aprendemos a respetarnos y sabemos respetar nuestro lugar. Todo marchará bien y nadie tendrá que arrastrarse en pagar lo que hicieron mal nuestros mayores.

En esta vida todo se paga y va de generación en generación.

Palabra de fe.

[9]

A veces es duro vivir la vida, pero es nuestra vida.

Tenemos que reconocer que no es todo fácil y se nos hace cuesta arriba y pesada, pero tenemos que ir evitando momentos que sabemos que nos pueden hacer daño.

Tenemos que ser fuertes para las decisiones que, a veces, no son fáciles, pero saber caminar cada día sin saber cómo va a ser son misterios de Dios. Sólo Él lo sabe, pero siempre son distintos.

Busquemos momentos de luz porque el demonio te quita los buenos y nos confunde, pero tú y sólo tú tienes que caminar con fe.

La vida es un misterio y tú eres parte de tu vida.

Solo tú y Dios.

Palabra de fe.

[10]

En la vida el tiempo es oro.

Tenemos que ser conscientes de que cada segundo de nuestra vida queda reflejado en los ojos de Dios y en ese tiempo puedes hacer muchas cosas, sobre todo utilizarlo en no desperdiciar ni un segundo.

Se pueden hacer muchas cosas grandes y saber ofrecerte, ayudar y dar. Saber utilizar tu tiempo es el agradecimiento a Dios, como Él, que todo su tiempo es estar contigo, conmigo y con todos.

Aprovechemos cada segundo en hacer el bien.

Palabra de fe.

[11]

Muchas veces hemos hablado del amor, pero esta palabra no tiene final. El amor limpio no ensucia el alma.

Amar significa muchas cosas. Os diré algunas:

Amar es dar, es paciencia, es luz, es esperanza, es alegría, es dar. En amar no hay tiempo que termine; es principio de todo.

Siempre digo: el que no ama no es de la luz. Está apagando su alma.

Amar es perdonar.

Palabra de fe.

[12]

Amar de verdad se refiere a muchas cosas. Es recibir, dar, aceptar...no sólo se dice «te quiero».

Cuando esta palabra sale del corazón, es aceptar los buenos consejos y comprender cuando se corrigen los malos comportamientos. El hecho de amar se manifiesta en todo si de verdad amas y quieres.

Sólo hay que entender el sentido de la palabra que no todo el mundo entiende.

Según nuestra Madre Teresa dice: no todo el mundo sabe amar. El que esta palabra entiende, lo comprende todo.

Amar no busca la razón, busca la sinceridad.

En amar no hay obstáculos. El obstáculo eres tú.

Palabra de fe.

[13]

¿Qué significa actuar con rectitud?

Estas palabras significan mucho. Si tu fe es amar y respetar en la vida, hay dos caminos: el bien y el mal. Si tú te pones en el centro de los dos caminos, quiere decir que actúas con seguridad, sabiendo que a veces escoges el que más te conviene en ese momento.

Pero eso te puede pasar factura en tu vida. Dios no busca en nosotros perfecciones, busca seguridad y rectitud, que miremos en hacer el menor daño a los demás, que guardemos respeto, que seamos fuertes en el amor y no atropellar a nadie con nuestros impulsos.

Actuar no en el centro, sino en el camino correcto que te dará seguridad. Si no buscas en ti seguridad, estás perdida y te llevará a destruirte.

Palabra de fe.

[14]

Hablaremos de gentes sencillas.

Las gentes sencillas deben ser reconocidas por la naturalidad de la persona. Éstas son complacientes, honestas, saben escuchar, darse a los demás, hacer sus voluntades, ser sinceras, agradables, útiles. Esto es parte de ser tú misma.

Después tenemos unas reglas que son para sentirnos bien. Podemos decir estas:

Colaborar con el prójimo requiere amor, paciencia, comprensión, voluntad...

Entrar en contacto directo con el prójimo es ayudar con fe al que lo necesita, sea cual sea la necesidad que éste tenga.

Cristo dice que todos somos hermanos y que, para llevar a cabo su palabra, actuemos como Él dice: sin odio, sin rencor, sin envidia...

Darse a los demás es parte de nuestra conciencia, es agradarte a ti misma, enseñar a amar al que no sabe, amar sin odio ni prejuicios, es y debemos ser donantes de amor.

Palabra de fe.

[15]

Cuando una trabaja con la verdad en la que todo sale del corazón, te da seguridad, confianza, supera toda mentira...

El amor sabe esperar, te da paciencia y respeto.

Palabra de fe.

[16]

Dios siempre tiene que estar presente. Cierto es que todos los ejemplos que dice son parte de tu fe, porque todo son aromas de Dios y caricias.

Palabra de fe.

[17]

En la vida hay que ser pacientes en todo. Saber tener paciencia te da paz.

Si vas con prisas, te da ansiedad, malestar, atolondramiento, no te deja pensar.

Es mejor ser pacientes, buscar horizontes que te ayuden a ser feliz para sentirte en paz en cada paso de tu vida.

Saca provecho, eso te dará luz y sentido en tu vida.

Ser agradecidos es una virtud que te ayuda a reconocer que, dando, recibes rayos de luz en tu camino y te quita el malestar que te crea ansiedad.

Tú y sólo tú debes formar virtudes y horizontes de paz. Eso no te engaña, te ayuda.

Palabra de fe.

[18]

Superar nuestros prejuicios en la vida es una batalla porque estamos entre el bien y el mal.

Nuestra lucha es ganar la batalla poniendo mucho amor y fuerza. El enemigo siempre juega su baza de destruir todo lo bueno y nosotros no debemos caer tan bajo, sabiendo que, luchando, se vence y se sobrellevan mejor todas las cargas.

Sabemos que nadie es perfecto, pero siempre hay que mirar la luz y verás que encuentras la rendija por donde vencer las oscuridades del mal.

Dios siempre nos da su mano y nos dice: «busca soluciones a tu vida. Yo estaré contigo. Si tú quieres ganar la batalla, el amor todo perdona, todo lo cura, todo lo arregla».

Palabra de fe.

[19]

Pocos entenderán estas palabras.

De todos los males del mundo, Dios sacará el bien de los males y después se hará justicia.

Las personas no ven los prejuicios porque no les interesa, porque es más fácil ir viviendo la vida libres sin mirar el daño y el dolor de los demás. A ellos se les llama cobardes, por eso Dios será justo.

Si pasamos de todo, Dios pasará de ti.

Cuando nos preocupamos por todo, es amor y justicia de humanidad.

Miremos y hagamos trabajos dignos. Dios así lo quiere.

Palabra de fe.

[20]

Amar con gentileza es saber amar.

El amor puro es algo que viene de lo creado, nos sumerge como rayos de luz.

Cuando amamos, sentimos un impulso natural que nos hace ser felices.

Pero, cuando cambiamos el amor por malas costumbres, nos vestimos de malos modales, nos desviamos del amor puro, se nos va la belleza del corazón. Ya no eres tú, ese amor puro desaparece, esa belleza no está, todo se vuelve oscuro. Todo se pierde. La luz de tu rostro, se convierte en malos modales, se pierde la razón, la perseverancia, todo se pierde cuando tú no sabes controlar lo que significa amar.

El amor es fuerza, no conviertas tu vida en algo oscuro, sucio, donde no hay nada de comprensión, amor ni vida.

El amor sincero ama, perdona, como Dios nos ama y perdona sin obstáculos.

Sólo amar y amar.

Palabra de fe.

Lo primero de todo es darle gracias a Dios por darnos un nuevo día. Por lo menos hemos despertado y el día puede ser largo o corto.

Señor, te entrego mi corazón, pero quiero darte un corazón lleno de amor, de paz, de buenos propósitos, en una palabra: dilatar mi corazón.

Sé que dilatarlo es no llenarlo de prejuicios ni malas acciones. Son otros propósitos; primero, ser justo, ayudar al que te necesita, no provocar con tus prontos repentinos, ser útil en todo, hacer caridad formal, crear un buen ambiente a tu alrededor, amar muy profundamente a la familia y respetar al prójimo.

Para querer dar un corazón digno a Dios hay miles de cosas para corregirnos. Nos falta humildad, fe y amor.

Para prepararnos cada día, si queremos ser de Dios y sabiendo que nos hemos despertado, pero que muchos no llegamos a la noche, porque la muerte nos acecha en cada momento y no estamos preparados. Sabemos que estamos de paso en este mundo, por eso, hagamos propósitos de mejorar y hagámoslo con gran corazón.

Así podrás dilatarlo, llenarlo de amor, de luz y grandes propósitos.

Palabra de fe.

Hay personas que piensan que no necesitan nada de nadie, que ellos se valen por sí solos y están equivocados.

Todos necesitamos unos de otros. Dios dice que el amor al prójimo es algo que tiene que estar presente.

Hay momentos en la vida en los que la soledad te hunde, te deprime, te anula, es no tener vida. La vida es amor: quiérete a ti mismo y, cuando sepas valorarte, tendrás vida, amigos. Eso es vivir.

Nunca digas que te enriquece la soledad, eso es parte de egoísmo propio, es no tener compromiso y no mirar por los demás. Hacer amigos es parte de la vida, es saber compartir, dar, recibir, es amor.

Cristo formó una gran familia: sus discípulos. Iba abriendo horizontes, caminos, familia... nunca estuvo en soledad, aunque hay momentos que es necesario estar relajados, tranquilos, pero eso son momentos.

Para ser feliz busca a Cristo, Él te dirá cómo es estar con un buen amigo.

Palabra de fe.

[23]

Se habla del amor.

El amor no caduca. El amor perdura siempre que sea sincero, desinteresado... podríamos hablar toda la vida de esta hermosa palabra.

El amor no cansa, te trasmite alegría, estabilidad, entusiasmo, vida, salud...

Ser el primero en amar es escuchar el corazón.

Todos necesitamos esta energía que sale de lo más profundo del alma.

El que no ama, no vive.

Vivir es amar.

Palabra de fe.

[24]

Escuchar el corazón en silencio.

Pon luz a tu vida, mira la cruz desde cerca, abraza la mañana y el anochecer, todo es amor. Miremos bien de dónde venimos y con quién caminamos. Todo son recreos de la vida y la vida debe ser de todos.

El corazón es la entrada de la vida, es el que alimenta nuestro todo, es el que nos indica nuestro camino, es la fuerza que da energía a nuestra alma.

Saber vivir con un corazón fuerte y bien alimentado, es nuestra garantía de vida eterna.

Ejemplos de fe.

[25]

Amar en silencio...

Qué profundidad más grande hay que tener para saber escuchar tus profundidades, que están tan ocultas en tu interior, justo en el alma.

Si tenemos paciencia y estamos en silencio y queremos respuestas, escuchemos nuestro interior: te indica y contesta a tus necesidades, dolor o angustias. La respuesta está en tu interior.

Pero no sabemos escuchar o no nos interesa saber lo que nuestro interior nos dice, quizá por miedo o quizá porque no quieres escuchar para no retroceder.

Hacer tus propósitos.

El silencio es algo grande porque habla de una forma muy espiritual. Es el que se encuentra con lo divino en momentos de silencio, meditación y contemplación.

El silencio calma, te relaja, te enseña... es forma de cultivar la conciencia, se abre tu interior y notas que no estás sola, que hay junto a ti una presencia divina, que si pones atención te ayuda a aclarar tu conciencia.

El silencio es parte de nuestro todo, por ello es bueno escuchar.

El amor es una batalla que por desgracia se está perdiendo. Ayer todo era luz, hoy todo es oscuro, mañana no seremos nada, pues todo estará vacío.

Si somos capaces de amar en silencio habremos ganado la batalla y todo tendrá sentido.

Palabra de fe.

[26]

Necesidades de los demás.

Grande palabra es esta y muy cierta. Todos necesitamos una mano amiga. El amor es alegría, te da luz a tu vida.

El amor no muere, vive dentro de ti, de mí y de todos. Son dones recibidos de Dios, por eso el amor es vida, es ilusión, es esperanza, es perdón.

Se agradece cuando sentimos la ayuda de los demás, cuando uno está en necesidad de ayuda. ¡Cuánto bien siente uno en el consuelo de recibir esa mano amiga en el momento!

¿Qué más necesitas?

Ahí es cuando uno da gracias a Dios porque entiende muy bien el mensaje de que Jesús vino al mundo, cuando a todos llamaba hermanos, cuando por amor nos hizo llegar el perdón muriendo en la cruz y entregando a su madre como madre de todos.

El amor no debe estar dormido, sino despierto. Es algo que nació para vivir, para soñar, para dar, para caminar, para practicar, para perseverar.

Bendita palabra tan llena de todo. No se necesita ninguna otra, esta es la que mantiene el corazón fuerte.

Tus necesidades son mis necesidades.

Palabra de fe.

[27]

Bendita esperanza es la nuestra, ir hacia todo.

A veces nuestro egoísmo es mirar sólo para nosotros, pero así no debemos ser.

Nuestro manantial debe ser grande y generoso. Es sanear nuestro todo, el alma y el corazón.

Bonita palabra para enriquecernos.

Saber darte a los demás es gesto de Cristo. Él nos lo enseñó.

Los padres se vuelcan en darles todo a sus hijos. Todo esfuerzo y sacrificio, todo es poco para ellos.

También Dios nos ha dado una familia donde debemos trabajar en este manantial para reforzar y sanear nuestro corazón y liberarnos de las tristezas, superarnos de todo lo negativo y hacer de nosotros labores de grandes cosas.

Hacer el bien es hacer vida, es amor, es una laguna de luz, es ir hacia todo y por todos, es repartir tu yo en Él, eso es vivir en Cristo.

Palabra de fe.

[28]

Firmes en la fe.

Ser firmes en la fe cuesta, siempre y cuando no estamos seguros de nuestra fe. La fe es algo que tiene que estar muy dentro de uno mismo y no utilizarla cuando nos interesa.

Dios sabe nuestra historia de vida desde que nacemos hasta que morimos. Sólo Él lo sabe. Nos conoce, por eso Él no nos pedirá más de lo que no sepamos sobrellevar. Por eso debemos ser fuertes y trabajar más en el amor para sacar grandes cosechas y vencer a nuestros enemigos que, por envidia, celos y mentiras quieren hundir nuestra fe y confundirnos en nuestro todo.

En nuestro estado de ánimo nos puede jugar, según como éste sea, buenas o malas pasadas. Nuestras debilidades nos llevan al engaño de la vida.

Por eso hay que despejar todo lo negativo, ser pacientes en las decisiones. A la vida debes darle tú la forma de ganar y no perder tu vida. Busca los grandes momentos y regalos de Dios... verás que merece la pena luchar por ser fuertes en la fe porque es toda esperanza de vida.

La fe es ilusión, fuerza, esperanza, perdón, alegría, luz, paciencia, perseverancia, es vida.

La fe eres tú, transmítela. Dios espera mucho de ti.

Palabra de fe.

[29]

Todo debiera ser hermoso, pero a veces las circunstancias de la vida nos envuelven en cosas dolorosas. Pero Dios con su amor nos invita a presenciar la naturaleza y las cosas bellas y puras.

Debemos pensar que estamos de paso, que debemos saber vivir sin rencor, que el amor todo lo cura, que el dolor es parte de nuestras vidas, cosa que nace y crece con nosotros, pero complicamos a veces nuestro todo.

Debemos abrir los ojos y saber diferenciar el bien y el mal. El enemigo juega con nosotros y nos confunde, pero debemos ser fuertes y luchar y saber que tu vida es tu vida y tienes el derecho de ser feliz. Aunque la tormenta caiga, tú eres parte de Dios, Él siempre debe estar en ti. Por eso te invito a contemplar la belleza de la creación, porque ahí es donde está tu interior.

Tu yo eres tú y todo. En ti está tu vida y tu vida es tuya, que nadie te quite tu luz. Y, por ello, lo que guía tu camino. Y, cuanto más llenes tu vida de cosas positivas, más fuerte te harás.

Palabra de fe.

Palabra de vida. Esta palabra significa fuerza, voluntad entusiasmo, ilusión, vida.

Saber vivir es querer caminar con firmeza, esfuerzo, valentía.

A esto se le llama fortaleza, querer vivir con firme corazón. Es luchar contracorriente.

Nuestra voluntad debe ser fuerte, generosa.

Cuando vencemos, ganamos batallas espirituales de energía donde se enriquece el alma.

Muchos parece ser que no entienden mucho el lenguaje de Dios. Cuando Dios habla sencillas palabras de vida con ejemplos y de todas lenguas, todos debemos ser conscientes de quiénes somos y adónde vamos y entender de dónde venimos. El lenguaje es claro, sencillo, sin obstáculos, es amor puro. No busques tropiezos donde puedes caer y no saber levantarte si no has sido capaz de ser hermano del mundo.

Dios, sólo Él es nuestro todo, nuestra fe, nuestro camino.

Palabra de fe.

[31]

Pérdidas inesperadas...

Si fuéramos conscientes de nuestra presencia en este mundo y pensáramos más nuestro todo, pondríamos más en orden nuestra vida.

Nunca pensamos en nada, sólo en vivir, hacer lo que a cada uno nos conviene.

No miramos ni pensamos el mañana, pero el mañana puede ser hoy, porque el mañana no entra en las cuentas de tu presente, por eso hay que saber vivir y buscar y disfrutar del momento.

No pongamos redes en nuestras vidas. Busca entre la oscuridad un rayo de esperanza, te ayudará a vestirte de gala y sacar provecho del momento.

La vida está hecha de cortos momentos, porque en este tiempo, tu tiempo, hay grandes lagunas, buenos y malos, son segundos de momentos y hay que saber vivirlos.

El mañana no es nada, el presente es tu momento.

Lucha.

La vida es un trámite que va pasando tu tiempo.

Busquemos vivir eternamente, esa es la vida: amar, pensar, perdonar, sembrar... siembra tu tiempo, donde crezcan raíces fuertes que perseveren toda la vida de esta vida.

Tu mañana será diferente.

Palabra de fe.

[32]

Sentirnos diferentes a los demás:

Sentirnos diferentes...

A veces estas diferencias que nos hacen ser distintos pueden hacernos bien o puede hacernos mal, según sean esas diferencias, pero, sean cuales sean, cada uno no debemos buscar en los demás nada, pues todos somos distintos.

Lo bueno es que sepamos ser nosotros mismos.

El sentirnos distintos sería no sacar faltas de los demás, buscando defectos y actitudes, cuando tú crees que no tienes ninguno.

Esto puede ser orgullo miserable infundido por el mal.

Nuestras diferencias no son muchas si nos ponemos cada uno freno en nuestras mentes.

Nunca pongamos ejemplos ni nuestras diferencias. Cada uno somos y debemos ser capaces de corregir nuestros defectos sin que busquemos defectos en los demás.

El amor es un ejemplo de vida donde nunca hay defecto alguno.

El orgullo, los celos, la envidia... sólo tropiezan con mentiras.

Debemos esforzarnos en ser nosotros mismos y honrar con tu actitud a Dios. Él nos hizo a su manera y semejanza con figuras distintas y siendo como somos, sólo nos queda mejorar nuestro todo, que tiene que estar dentro de nosotros mismos y superarnos a ser mejores en todo.

Palabra de fe.

[33]

Saber escuchar:

Se habla muchas veces del amor. El amor es algo que nace desde lo más profundo del alma.

El amor pasajero no es amor, el amor es algo que te da vida, donde haces un hueco dentro de tu alma para escuchar y atender a los demás. Es algo que das sin mirar, donde nace la paz interior. No te deja vacía, sino que te llena de energía.

Qué bonito es dejar un hueco dentro de ti misma para darlo a los demás, eso es amor, caridad. Nos llena y enseña que no puedes dejarlo pasar viendo a los demás sufrir si tú estás ahí.

Enséñales tu espacio para que ellos puedan entrar sin miedo.

Debemos darles seguridad, que la tristeza con amor se cura.

Palabra de fe.

[34]

Cosas que llevamos con nosotros:

Son cosas que nos sobran, pero las utilizamos.

Estas cosas nos perjudican, pero las hacemos tan nuestras que sin darnos cuenta nos enferman el alma.

Son los remordimientos y nuestros errores.

Hacemos y actuamos de tal forma que, de no corregirlos a tiempo, te confunden creyendo entrar en una depresión. Esto significa que sentir envidia, celos, querer ser más que los demás o tener lo que el otro tiene, te puede confundir tus remordimientos y se agrega a sentirte mal y se confunde con depresión.

Todo esto echa para atrás tu personalidad... de no sentirte bien contigo misma y hunde tu vida a no ser libre.

La libertad de tu persona te hace crecer y triunfar siempre que reconozcas tus errores y creas más en ti, sin buscar lo que los demás ven en ellos.

Cada uno somos espejos de lo que somos y en lo que ves debes gustarte.

Busca, quiérete y tu espejo te contestará que tú sólo eres única.

Palabra de fe.

[35]

La suerte de ser creyentes:

Hay gente a la que le da miedo creer en Dios por lo comprometido que dicen que esto es.

Pero yo diría: es que para estas gentes es ir por libre, hablar y decir cosas sin pensar, sin saber el daño que puedes provocar. Para ellos no hay prejuicios y creen que es lícito hacer todo lo que les viene en gana.

Por eso les pesa tener fe.

La fe es algo grande, te hace vivir emociones que te llenan el corazón, te libera de la tristeza, abre fronteras donde hay un campo de emociones que se trasmiten en el amor, en la esperanza y la vida.

El amor debe ser fuerte para construir un mundo de esperanza que te sirve para tu otro mundo, donde en este, siembras palabra de amor viva.

No hables si no piensas primero, no hagas donde puedas hacer daño, recógete en el silencio y piensa en el corazón de amor que derramó Cristo por todos. Él nos enseña bondad, perdón, a amar.

La palabra de fe nos da vida, consuelo y paz.

Palabra de fe.

[36]

La gran batalla, la que lucha con el bien y el mal.

Si alimentamos bien nuestra conciencia se hará fuerte y sabremos luchar con fuerza contra el miedo con la ayuda de la fe. La lucha se libra en nuestros contratiempos de altos y bajos momentos de debilidades, si ponemos voluntad en hacer bien las cosas. Aunque en ese momento lo estés pasando mal, estás ganando batallas y tu espíritu se hace más fuerte.

Todo lo malo ensucia, nada hay positivo.

Las virtudes nos enseñan a ser útiles, sociables, humildes y caritativas. Es una hermosura de agua viva, es luz y esperanza.

Luchemos contra todo, porque contra ti no debes tener miedo ni obstáculos, solo buscar confianza en ti mismo, sobre todo la fe y el amor, esto vence todo, ganaremos tener una buena conciencia.

Palabra de fe.

[37]

La razón de la mentira.

¡Cuánto daño puede hacer esta palabra!

Cuando se dicen mentiras mezcladas con algunas verdades, esto hace confundir y mucho.

Buscamos la razón de nuestra mentira para hacer notar nuestra verdad. ¡Cuánta maldad hay!

Antes de escuchar a estas gentes, es bueno conocer bien con quién hablamos.

No nos confundamos con necias palabras. El enemigo es muy aliado de estas gentes.

Lo malo de todo, como toda la vida ha sido, así se creen sus propias mentiras y no se dan cuenta de que están atrapadas de tanta maldad. Son víctimas del mal.

Dios nos avisa constantemente con su amor y perdón que no caigamos en la tentación del enemigo, que sus engaños atrapan a las personas débiles, por ello nos pide que nos hagamos fuertes.

¡Cuánta misericordia y paciencia tiene con nosotros y no sabemos seguirle con amor, como Él nos lo enseña cada momento del día!

Pongamos firme nuestro todo. Hagamos de nuestra fe cadenas de verdades firmes y sin mentiras. Busquemos en cada cuenta del Rosario una virtud lógica de vida por cada una de ellas, un fondo de luz para que nos alumbre nuestra vida.

Palabra de fe.

[38]

Honor y honra.

El honor y la honra son algo sagrado. Estas dos palabras son muy fuertes y dignas de honrar a cualquier persona, sean padres, hermanos, amigos, familiares... sean quienes sean, la honra no se debe quitar a nadie, porque una vez tirada su honra, hemos hecho un crimen a esa persona, después poco se puede hacer.

Si nos consideramos hijos del Santísimo, ¿cómo podemos hacer tanto daño a nuestro prójimo? Debemos tener en cuenta que lo que tú hagas, hables, haciendo mal todo, prejuicios... después vuelve contra ti, pase el tiempo que pase.

Debemos pensar antes de herir y ensuciar a nuestro prójimo, sea quien sea, para no ensuciar a ninguno de lo que tú pronuncies.

Todos debemos luchar para ser mejores en la vida. Pensad que vivimos segundos, que el tiempo está en las manos de Dios.

Por eso, hagamos examen de conciencia y démosle a nuestra vida una mejor vida de paz, no pongamos nuestra vida en peligro y seamos más justos en todo sin herir ni castigar a nadie con tus palabras hirientes, y no ensucies tu alma perjudicando a los demás, que Dios nos ha traído a su Hijo como ejemplo de vida.

Busquemos ser defensores y no castigadores de nuestros hermanos. Todos somos hijos y herederos de Dios.

Palabra de fe.

[39]

La angustia de no ser fieles a Dios.

Todo buen cristiano queriendo hacer el bien se preocupa y le causa dolor de conciencia al no hacer bien su camino.

Pues no tengáis miedo. Dios no nos pide que hagamos grandes sacrificios ni grandes cosas. Dios es amor. Él nos escucha y nos observa cada segundo de nuestra vida.

Sólo quiere que mirándole a él no haga falta palabra alguna, sólo procurar no hacer daño alguno, mirar con gran corazón cada cosa que hagas, ser útil a los demás.

No tomemos como sacrificio amar al prójimo. El sacrificio está en procurar ser honesta, sencilla y humilde. Busca en estas palabras y verás cómo no es difícil caminar junto a quien nos ama de verdad.

Jesús se hace a ti con sencillez, te ama sin condición, te perdona tantas veces lo ofendido... Él sigue estando ahí en silencio para escuchar nuestro todo.

Por eso no tengamos miedo de ser quienes somos. Su misericordia no nos pide hacer grandes cosas, sólo procurar y saber respetar al prójimo y saber vivir con alegría para demostrar que de todo tú eres capaz de ser como Dios quiere y que nada ni nadie es dueño de nadie, somos libres de hacer nuestras voluntades y nuestras voluntades son caminar con fe.

Todo sobra.

Sólo Dios basta.

Palabra de fe.

[40]

Saber perseverar.

No todo el mundo persevera. Esto es un don muy grande que a muchos les cuesta.

La perseverancia es poder alcanzar una meta de valores que con amor se alcanza. No ve obstáculos ni dificultades, sólo ve un amor probado porque Dios ha puesto en ti su mirada y tú por amor pasas todo obstáculo por alto.

Esto de saber perseverar te trae lagunas de sufrimiento, donde crees que tu alma está encerrada en una cárcel, donde trabajas y luchas con el bien y el mal, es una batalla constante, pero fijémonos en la Madre de Dios. Ella fue la primera que nos enseñó a perseverar por obediencia y amor. Si somos conscientes de hacernos fuertes y perseveramos como Ella nos enseñó, nuestra alma estaría a salvo, nos liberaríamos de las garras del mal como Ella. Nuestra Madre se liberó por saber ser fuerte y saber perseverar.

Palabra de fe.

Saber amar.

El amor es algo bueno, es luz, vida e ilusión.

Amar significa no mirar a quien debes amar. El amor va incluso con tus enemigos, porque lucharemos contra las tinieblas y oscuridad, pero no contra tus hermanos. Debemos amar para combatir con el enemigo.

Si mi vocación es luchar contra el mal y esta es mi misión, ¿cómo no voy a luchar contra todo lo que venga del enemigo? Por eso, a mis enemigos, es mi lucha salvarlos y no buscar lo fácil.

Todo debe ser luz entre las tinieblas y agua para limpiarnos.

No nos hagamos grandes ante nuestros hermanos del mundo, todos tenemos un corazón, aunque muchos sólo lo tienen para vivir sin saber que el corazón es el imán de nuestra conciencia.

Por eso las alturas del poder y aparentar según su categoría no va con Dios, tampoco debería importarnos a nosotros, aunque muchas sucias conciencias digan y comparen. Tanto tienes, tanto vales.

No tenemos que poner mucha atención a esto sobre estas gentes, hay que rogar por ellos, son almas llenas de prejuicios que no dejan de ser almas muertas.

Pero si amamos, rogamos por ellos para que, de una vez, todos seamos hijos de Dios y Dios no nos quiere por nuestra posición, sino como hijos.

No pongamos nosotros posiciones de grandeza, sino que todos somos iguales a los ojos de quien de verdad nos ama.

Palabra de fe.

[42]

Pedir disculpas.

Pedir disculpas a veces por orgullo no lo hacemos. Creemos que es humillarnos, cosa que nos engañamos a nosotros mismos porque decimos ser creyentes y no es así, no puedes ser creyente a medias.

Debemos ser justos y saber pedir disculpas. Es algo hermoso para tu reconocimiento de fe. Grandes virtudes hacemos si procuramos hacer las cosas bien. Esto te hará ser justo y enseñas a los demás a hacer lo mismo. Tenemos que aprender a no guardar rencor en el corazón, sentirnos orgullosos de nuestros actos puros y vivir en paz y llenarnos de virtudes.

El odio, la rabia, el rencor... esto no es de Dios. Si esto alguna vez lo has sentido, mírate bien en qué mundo estás y sal cuanto antes al espacio de la luz. La luz te devolverá ver con claridad y saber disculparte ante todo y ante todos, eso es amor, virtud de personalidad, reconocerte a ti mismo a dónde quieres ir con firme corazón.

La disculpa es un paso para ser firme.

Palabra de fe.

[43]

La amistad es algo que te da confianza, sentirte segura, que puedes contar con la persona que te da confianza.

Sacas lo bueno que hay en los demás. Que nadie te quite ese momento de distracción cuando te propones vivir un momento de paz donde la soledad entorpece tu vida. Debes ser hermano y amigo de aquel que está para todos y en todo momento a tu lado.

Hazte útil y busca los buenos momentos.

La vida debe ser para todos un regalo y lo que hoy tengas, aprovecha ese momento.

Siempre procura ser sociable.

Las oportunidades de la vida son únicas.

Busquemos esa paz interior con aquellos que te den vida, porque la vida está en ese momento.

No nos engañemos diciendo que la vida es una pena, porque la pena está en ti.

Hay que servir para que te sirvan, si no, ¿qué vida es la tuya si no eres capaz de ser sociable ni contigo?

Dios es la vida y Él nos da todos los días una oportunidad para vivir y disfrutar cada segundo de nuestra vida.

Palabra de fe.

[44]

Luchar en momentos difíciles es obra de fe.

La fe lo hace todo, nos da fuerzas y nos hace ser positivos.

En momentos de la vida nos vienen grandes cosas de sufrimiento que pensamos: ¿cómo me puede pasar a mí esto?, ¿cómo salir de este sufrimiento?, pero enseguida nos viene en el pensamiento Dios, acudimos a Él por nuestra fe.

Por eso nuestra fe debe ser firme y fuerte y tener fe en temporadas de sufrimientos, por eso nos hace muy y mucho tener muy cerca a personas que nos aporten energía positiva.

Dios hizo un mundo grande para todos sin fronteras, por eso tus mejores amigos se convierten en hermanos. Debemos comprender que nuestro corazón es nuestro paraíso, es nuestra fe en todo y para todo, es la energía y fuerza que necesitamos unos de otros sin poner obstáculos, sólo amor, fe y voluntad.

Todos nos necesitamos humanamente para cada momento de nuestras vidas.

Saber compartir es saber vivir.

Palabra de fe.

La fuerza del amor.

El amor nos hace ser fuertes, valientes y sencillos, es la gracia más pura de los seres humanos, la fuerza que te da la energía de tu vida.

El amor todo lo vence. ¡Bendita fuerza tiene el amor! Dios nos dio este hermoso regalo de saber mirar a los demás con amor y no con envidias, ni críticas, ni con rencor.

Dios nos mira con cariño, como mira todo lo bello creado por Él.

Somos florecillas de amor para Él, por eso debemos trabajar para ser mejores, darnos y hacer más por los demás, mirar a tu prójimo con amor aun sabiendo sus tentaciones, pero tú eres amor de Dios, no lo mires con odio ni lo ignores, sólo míralo, sonríe, esto le hará pensar.

El amor todo lo cura y todo lo arregla. San Agustín se dio cuenta de lo mucho que significaba sentir esta palabra. El amor es la riqueza de la vida y Él dejó toda riqueza para ganar su vida en el amor, vio y comprendió la verdad de la vida.

¡Bendito sea amor de todos los amores, riqueza inigualable!

Sea bendecida por siempre esa fuerza de sentir amor infinito.

Que, con solo mirar a mis hermanos, he comprendido que todo sobra, pero que el amor esté presente en mí, eso me hará sentir que sin Dios no puedo vivir y Dios está en ti y en mí y en todas las criaturas.

Palabra de fe.

[46]

Trabajar contra todo:

Es difícil a veces reaccionar con cosas que nos pasan en la vida, pero, sea como sea, tenemos que pensar muy bien antes de actuar, porque los prontos, en ocasiones, nos traen malas consecuencias, por eso tenemos que saber dominarlos y educarnos a nosotros mismos primero.

Sabemos que el enemigo siempre está presente y busca el momento de actuar cuando ve nuestras debilidades.

Nosotros no estamos aquí para enfrentarnos con aquellos que siempre buscan peleas. Porque si actúas y te enfrentas, estás cometiendo un error, los dos sois culpables.

Nos enfrentamos diariamente con personas negativas que a todo le sacan comentarios y critican a todo y a todos.

Frenad a estas gentes, no pongáis oído a ello y buscad en realizar en vuestra vida los mejores momentos para estar en paz sin que nadie os envenene contra nadie.

Para saber vivir en un mundo de oscuridad debes ser tú tu propia luz para alumbrarte, no esperes que te alumbren otras gentes porque esto te puede perjudicar, porque la envidia se disfraza de muchas maneras y te puede confundir.

Es verdad que tenemos que guardarnos de muchas cosas y gentes. Siempre hay una señal que nos indica el bien y el mal. Pues pongamos atención en todo y busquemos tener paciencia y fortaleza y buscar en nosotros primeros ser justos, sinceros, amar sin prejuicios y desechar todo lo negativo. Tenemos que ser positivos y llenarnos de unas energías, eso nos llenará de salud nuestro corazón.

Nuestra rutina debemos tenerla asegurada de dónde y con quién debemos estar y sentirnos bien. La vida no es un juego, ni tampoco utilizar a las personas sólo por interés.

Debemos ser justos y sinceros sin confundirnos ni confundir a nadie con nuestros hechos. Debemos ser luz, una luz que nos guíe por el buen camino.

Todo puede ser bueno si tú así lo trabajas.

Y enséñales a otros tu felicidad y el porqué eres feliz, aunque tengas dificultades, pero eso son cosas de nuestras vidas porque todos somos hijos de Dios y todos padecemos de esa cruz que el enemigo nos pone, pero que tú sabrás vencer por amor. Que no te ponga a tu alrededor otras cargas que no son tuyas, sólo hay que saber llevar las nuestras.

No caigamos y tropecemos en la misma piedra dos veces.

La vida hay que saber vivirla.

Palabra de fe.

[47]

Poner atención al corazón.

Primero tenemos que hacer fuerte nuestro corazón, porque si somos nobles y sencillos, pensamos que todos somos buenos y que nadie es capaz de hacerte daño y menos los de tu entorno, pero no todos somos iguales, somos distintos.

Para concienciarnos de que no somos iguales, tú tienes que ser fuerte y hacer que tu corazón distinga a unos de otros. Eso no quiere decir que tú tengas que cambiar tus costumbres de humildad, ni que te tomen por tonto, sino ser guardián de tu corazón y saber distinguir a las personas.

Aunque estén siempre presentes, no tenemos que despreciarlas ni darles las espaldas, sólo hay que saber vivir con todos porque así tú aprenderás, pero no a copiar sus costumbres, sino saber y aprender.

No hagas aquello que otros hacen, ni siquiera por ser como son, sino hazte más fuerte en la vida y sólo recogerás aquello que te aporte fuerzas y energía.

Eso es saber trabajar al servicio de Dios y trasmitir alegría y ser positiva para trasmitir y dar a los demás algo que ellos carecen de ser.

Palabra de fe.

[48]

Ser tú mismo.

A veces nos cuesta subir la cuesta arriba, pero no nos preguntamos el porqué. Lo achacamos a que estamos agotados, a que estamos enfermos, echamos miles de achaques del por qué nos cuesta subir la cuesta, pero quizás es que enfermaste, por ser como eres.

Las enfermedades del alma pesan más que lo físico de cada uno.

Debemos curarnos, y de ello no te curará el médico, pero sí Dios. Ponte ante Él y, con tu conciencia y fe, háblale, Él te escuchará. Dios te dará la mejor medicina y te sanará.

Di todos los puntos de tu vida: los malos y buenos. Mientras tú le dices, Él tendrá una balanza; una en la derecha y la otra en la izquierda. Y cuando termines de hablar con Él, mira esa balanza y tú misma te juzgarás.

A veces nos llenamos de cosas negativas, como no saber perdonar, juzgar a los demás, sentir envidia, guardar rencor, hablar mal del prójimo, mentir hasta hundir a las personas, quitar la voluntad a los demás, hacer que los demás se sientan mal... miles de cosas que tienes y están dentro de ti y, como son tan de ti todas estas cosas tan negativas no te dejan sentirte bien ni te permiten subir la cuesta de tu vida: esa es tu enfermedad.

Míratelo y sánate, ve despejando todo lo negativo para ir sanándote.

Haz algo positivo. Hay muchas cosas que te harán sentir feliz y cómo con poco darás mucho: pon amor en todo, pon tu tiempo libre al servicio de los demás, consuela a los que están tristes, reparte tus talentos puros para ser siempre útil, sonríe siempre, aunque sean tus enemigos.

Hay miles y miles de cosas positivas que están llenas de energía y que le darán vida a tu vida. Saber amar a tu prójimo es algo que viene de Dios y esa es la clave de tu vida. Te abrirán muchas puertas y te sentirás viva ante todo en esta vida y en la otra.

Son palabras de fe.

[49]

Mi momento.

A veces hay momentos en nuestra vida y muchas maneras de vivirlos y según cómo vengan, así actuamos, pero por eso, sea cual sea ese momento, tenemos que ser consecuentes y aceptar que, sea lo que sea, son pruebas que tenemos que pasar.

Y no son todos esos momentos amargos, vienen de muchas maneras y debemos comprender que todo no tiene que ser bueno.

Debemos aprender de lo que la vida nos da, eso nos hace ser útiles para saber defendernos y poder ayudar a quien por ese mal momento lo necesite.

Debemos estar despiertos y no dejarnos llevar por impulsos.

La vida nos da muchas oportunidades para poder caminar con fortaleza. Por ello trabajar y ofrecer todo con amor te ayudará, eso te llenará de energía y será tu mayor alimento.

Dios te ama, te abraza y te escucha.

Palabra de fe.

[50]

No hablar mal de nadie.

El hablar de los demás es algo muy habitual de todos. Pocos no lo hacen, pero hablar del otro se hace muy a menudo.

¡Y qué fácil es hacerlo!

Debemos tener prudencia y no hablar, criticar ni ofender con nuestras palabras. Puedes hacer mucho daño.

Y si ocurre que te estén hablando de los demás, ten cuidado porque seguro que también hablarán de ti, por eso tenemos que no poner oídos a las habladurías y, si las escuchas, eres cómplice de las críticas.

Si crees ser prudente y sólo escuchas a quienes a los demás critican, eso no es ser prudente, es que te gusta escuchar lo de todos y lo tuyo es algo personal, pues te equivocas, pues también estás cometiendo un error ante los ojos de Dios y, al final, por no saber defender ni ayudar, te puede pasar factura.

Tened mucho cuidado de no confundir a los demás con vuestras insinuaciones. Si tu vida es sólo un engaño y lo sabes, no arrastres a los demás con tus mentiras, eso te anulará de estar bien con Dios y estarás siempre mal contigo mismo.

Palabra de fe.

La paz del Señor esté siempre contigo.